Adrian Gilles Camper

Lebensgeschichte des Petrus Camper

Adrian Gilles Camper

Lebensgeschichte des Petrus Camper

ISBN/EAN: 9783743309531

Hergestellt in Europa, USA, Kanada, Australien, Japan

Cover: Foto ©ninafisch / pixelio.de

Manufactured and distributed by brebook publishing software (www.brebook.com)

Adrian Gilles Camper

Lebensgeschichte des Petrus Camper

Lebensgeschichte
des
verewigten
Petrus Camper.

Aus
dem Holländischen
übersetzt

von

Johann Bernhard Keup,
der Arzneygelahrtheit Doktor.

Stendal,
bey Franzen und Grosse.
1792.

Vorrede
des
Uebersetzers.

Herr Gilles Adriaan Camper, ein würdiger Sohn des unsterblichen Petrus Camper, ist der Verfasser dieser kurzen Lebensgeschichte. Er ließ sie allein in der Absicht drucken, um guten Freunden ein Geschenk damit zu machen, und deswegen sind auch keine Exemplare davon in den Buchhandel gekommen.

Der Herr Verfasser wird mir eine kleine Zurechtweisung in der Angabe der

Vorrede

litterarischen Arbeiten seines verewigten Vaters nicht übel nehmen. Außer den gelehrten Schriften, welche in dieser Lebensgeschichte angegeben sind, hat der Verewigte noch folgende Abhandlungen geschrieben: 1) Einen Brief an Albinus, in Betref der gelehrten Zwistigkeiten dieser Männer über ihre anatomischen Werke und vornemlich über die berühmten und unvergleichlichen Platen des letztern.* 2) Einen Brief an Blumenbach über die Jungen der rana pipa, welcher in dem letzten Theil der Commentarii societatis regiae Gottingensis abgedruckt ist. 3) Hat der Herr Verfasser einen großen Theil der gelehrten Werke seines berühmten Vaters, welche Herr Doktor Herbell in's Teutsche übersetzt hat, mit Stillschweigen über-

übergangen; auch des wichtigen Antheils, den der verewigte Camper an der holländischen Herausgabe des Werks von Mauriceau und der demselben beygefügten Zusätze keine Erwähnung gethan. 4) Sind die Zusätze Campers zu der deutschen Ausgabe von Monro's vergleichender Anatomie der Fische nicht angeführet worden.

Welcher Arzt wird nicht gern die Lebensgeschichte eines Campers lesen, eines Mannes, der sich um verschiedene Theile der Arzneygelahrtheit so verdient gemacht hat?

Ich hoffe deswegen meinen Landsleuten kein unangenehmes Geschenk durch die Uebersetzung einer Schrift zu machen, die nicht nur das Leben und die gelehrten Arbeiten eines der größten Männer unseres Jahrhunderts beschreibt, sondern auch dadurch zur Litterärgeschichte unserer Kunst sehr nützliche Beyträge liefert, und die ohne eine Ueberseßung in die Hände der wenigsten deutschen Aerzte würde gekommen seyn. — Der Geist Campers ruhe auf seinen würdigen Söhnen! Zweyen davon war die Urschrift von ihrem Bruder gewidmet, und ich widme, zum öffentlichen Beweis der größten Hochachtung, womit ich den Camperischen Namen verehre, den sämmtlichen Herren Söhnen des unsterblichen Petrus Camper meine Ueberseßung.

Den 19. November 1791.

Johann Bernhard Keup,
der Arzneygel. Doktor.

Vorrede
des
Herrn Adriaan Gilles Camper.

Ich wage es, die Lebensgeschichte von Petrus Camper herauszugeben, weil die Ausgabe der bey verschiedenen Akademien auf Ihn gehaltenen Lobreden so lange aufgeschoben und wahrscheinlich auch nur in die Hände weniger Leser kömmen werden. Gerne würde ich meinen Lesern das Werck eines Condorcet, Louis, oder Vicq d'Azir *) angeboten haben, allein es war

---

*) Diese drey genannten Herren haben, jeder insbesondere, in den Akademien der Wissenschaften der Chirurgie und Medizin zu Paris im Jahr 1790 Lobreden auf Camper gehalten.

mir nicht möglich, ihre Schriften zu erhalten.

Inzwischen war es mir wahrscheinlich, daß die Beschreibung des Lebens und ein vollständiges Verzeichniß der gelehrten Werke des verewigten Petrus Camper meinen Landsleuten nicht unangenehm seyn würde; weil diese Stücke bis hierhin sehr mangelhaft sind angegeben worden.

Viele werden mich in Rücksicht meiner Verhältnisse zu dieser Unternehmung ungeschickt halten; obschon ich mich bemühet habe, das Leben meines Vaters blos als Geschichtschreiber darzustellen, ohne mich in die Beurtheilung seiner wissenschaftlichen Kenntnisse, oder seiner herausgegebenen Werke, einzulassen.

Es würde mir wenig Mühe gekostet haben, seine häuslichen Tugenden ausgebreiteter auseinander zu setzen. Ein langdaurender häuslicher Umgang, ein un-

unabgebrochner Briefwechsel und besondere Verhältnisse haben mich mit seinem Charakter genauer als Jemand bekannt gemacht; allein ich habe lieber geschwiegen, in der Ueberzeugung, daß das innere Bewußtseyn eines guten Gewissens eine größere Vergeltung für die Tugend ist, als der laute Beyfall vieler Tausenden.

Würde man aber dennoch das auffallende dieser Unternehmung mißbilligen, so werde ich mich mit den Beyspielen der Vorzeit entschuldigen, in welcher Schüler die Thaten ihrer Eltern und Lehrer aus Dankbarkeit beschrieben haben. Cleanthes hat das Leben des Zeno, Hermachus und Metrodorus haben den sittlichen Charakter des mit Unrecht getadelten Epicurus bekannt gemacht. Scipio hat seinen angeschuldigten Vater öffentlich vertheidigt. — Seneca rühmt die Tugenden seiner Eltern

tern in der Trostrede an seine Mutter, Helvia — Lucius verus und Marcus Aurelius haben eine öfsentliche Lobrede auf ihren angenommenen Vater zu Rom vom Katheder gehalten. Letzterer hat nicht nur den Ruhm seiner Eltern und Lehrer beschrieben, sondern auch die vortreflichen Eigenschaften seiner ausgezeichneten Seele in einem Buche über Sich selbst der Vergessenheit entrissen. Und dennoch haben die Nachkömmlinge dieser vortreflichen Männer diese Verfahrungsart nicht getadelt — und ihr Andenken wird gerühmt werden, so lange die Tugend auf Erden mit Ehrerbietigkeit belohnet wird.

Den 21. Jenner 1791.

Lebensgeschichte
des
verewigten
Petrus Camper.

Petrus Camper wurde den eilften May des Jahrs 1722 zu Leiden geboren. Sein Vater **Florentius Camper** stammte aus einer bürgerlichen Familie, welche im Anfang des siebenzehnten Jahrhunderts durch ihre Handlungsgeschäfte sehr empor kam, her, und seine Mutter, **Sara Gertruida Ketting**, war die Tochter holländischer Eltern in Ostindien: **Florentius Camper** wurde Prediger zu Batavia, und kehrte im Jahr 1713 nach Leiden zurück. Er war ein Mann von Verdiensten, und stand mit den Gelehrten, welche die Leidner hohe Schule im Anfang dieses Jahrhunderts so sehr berühmt gemacht haben, in genauer Verbindung. Vorzüglich aber war er ein Freund des großen **Boerhave**. Seine

ne Achtung für allerley Künste war dergestalt groß, daß er in der Gesellschaft von Künstlern sein Vergnügen fand, und die Unvermögenden unter denselben durch seine Börse unterstützte.

Petrus Camper legte bereits in seiner zarten Jugend jene Proben der Thätigkeit und einer unersättlichen Neigung, alles zu untersuchen, welche nicht selten bey reifern Jahren in eine Lust zu den Wissenschaften verwandelt wird, an den Tag. Der Umgang mit vielen Künstlern in dem Hause seines Vaters machte, daß er schon früh mit ihren Verrichtungen bekannt wurde; hiebey übertraf er viele Kinder seines Alters an Behendigkeit und Fertigkeit im Begreifen.

Diese Vorbedeutungszeichen von Vernunft entgingen der Aufmerksamkeit seines Vaters nicht; welcher dieselbe auf alle Weise zu entwickeln suchte. Der scharfsinnige **Boerhave** sagte die Erfolge einer solchen Anlage vorher, und half durch seinen Rath den Weg bahnen, auf welchem dieser Jüngling, dessen Verdienste die Hoffnung seiner Eltern und die Erwartung jenes großen Arztes nicht getäuscht haben, erzogen werden sollte.

Die

Die Lust zu den Wissenschaften, und der Eifer, sich in den freien Künsten zu üben, vermehrte sich mit der Zunahme seiner Jahre. Während daß er sich in den öffentlichen Schulen Mühe gab, Preise zu erringen, wurden die Nebenstunden mit Zeichnen, mit der Erlernung der Baukunst, der Dioptrik, — und andern Zweigen derselben durchgebracht. Seine Lieblingsbeschäftigungen bestanden zugleich im Drechseln, Zimmern und ähnlichen Handwerken. Die Anwendung so vieler Werkzeuge leistete ihm nachher in der Ausübung der Wundarzneykunst und beym Zergliedern die wichtigsten Dienste.

Der Ritter de Moor und dessen Sohn wurden seine Unterweiser in der Zeichenkunst; unter der Anführung solcher ausnehmenden Vorgänger machte Camper schnelle Fortschritte. Da er kaum sechszehn Jahr alt war, fing er an, in Oelfarbe zu mahlen. Es ist noch ein Familiengemälde seiner eigenen Person, in seinem ein und zwanzigsten Jahr nach Lebensgröße gemahlt, vorhanden. Das Kupferstechen war ebenfalls einer seiner angenehmsten

Zeitvertreibe; welches ihm ungemein gut gelungen ist.

In den Anfangsgründen der Geometrie unterrichtete ihn zu gleicher Zeit Herr Laborde. Die berühmten Männer, Muschenbroeck und S'gravesande, weiheten den Jüngling in die erhabenen Zweige der Naturkunde ein. Der Krieg vom Jahr 1746 zog seine Aufmerksamkeit auf den Festungsbau. Auf diese Weise wurden seine Kenntnisse in der Geometrie, diese unentbehrlichen Handhaben (ansae) der Weltweisheit*), und die Bekanntschaft mit den freien Künsten die stärksten Werkzeuge seines bevorstehenden Ruhms, die Grundlagen seiner vorzüglichsten Entdeckungen.

Durch diesen Vorrath von wissenschaftlichen Kenntnissen vorbereitet, erwählte Camper die Arzneygelahrtheit zu seinem Hauptstudium; diese hat nicht selten die Aufmerksamkeit großer Genie's auf sich gezogen. In Verbindung

---

*) Xenocrates sagte zu Jemand, der, ohne einige Kenntniß in den Anfangsgründen der Mathesis zu besitzen, seinen Vorlesungen beywohnen wollte, daß dieses fruchtlos für ihn seyn würde, weil ihm die ansae philosophicae, d. i. die Handhaben der Weltweisheit, mangelten. —

dung mit der Zergliederungskunst bietet sie der wißbegierigen Menschheit ein mannichfaltiges Schauspiel verrückender Wunder dar, und gewähret die befriedigendsten Einsichten in die Vollkommenheiten der thierischen Maschine. Vielleicht würde man die Wundarzneikunst nicht unschicklich als eine aus jener vortreflichen Kunst entstandene Wissenschaft betrachten und ihre Ausübung für die unmittelbare Anwendung derselben halten können. Beide scheinen in ihrem Ursprung eine edelmüthige und thätige Seele, ein mitleidvolles Herz, und die Begierde, das widerwärtige Schicksal der Elenden zu erleichtern und aus dem Wege zu räumen, vorauszusetzen!

Boerhavens hohes Alter und die damit verpaarten schwächlichen Umstände*) waren Ursache, daß Camper den Unterricht dieses großen Mannes nicht genießen konnte. Er erlernte die Arzneiwissenschaft und ihre besondern Zweige unter Gaubius, van Rooyen, und dem ältern Albinus. In der Entbindungs-

---

*) Boerhave starb im Jahr 1738, und war die eilf letzten Jahre seines Lebens beynahe allezeit kränklich.

dungskunst wurde er von dem sehr erfahrnen Trioen unterwiesen.

Den 14ten October 1746 wurde Camper in seinem vier und zwanzigsten Jahr öffentlich zum Doktor der Weltweisheit und Arzneygelahrtheit befördert. Zwo bey dieser Gelegenheit herausgegebene gelehrte Abhandlungen, die erste, über das Sehen (de Visu); die andere, über einige Theile des Auges (de oculi quibusdam partibus), sind von Baldinger*) in seiner Beschreibung der noch lebenden Aerzte. Jena, 1770. mit verdientem Lob angeführt worden.

Der Umgang mit Ausländern und die Berühmtheit der Gelehrten in den benachbarten Ländern hatten frühzeitig bey Camper ein Verlangen zum Reisen rege gemacht; so groß aber dieses Verlangen auch bey ihm war, wurde es dennoch aus Liebe zu seinen Eltern überwunden. Die sinkende Gesundheit und das hohe Alter derselben kündigten das herannahende Ende ihres Lebens an, und schienen den Beystand eines

*) Baldinger Auszug aus den Biographien jetzt lebender Aerzte und Naturforscher. 1. B. II. St: Tom. XIV. —

eines dankbaren Sohnes unmittelbar zu erfodern. Nach dem Absterben Beider verließ er sein Vaterland im Jahr 1748, und reisete nach England.

Zu London, woselbst er den berühmtesten Männern in verschiedenen Fächern der Wissenschaften empfohlen war, blieben nichts destoweniger die Heilkunde, Chirurgie und Geburtshülfe das große Ziel seiner Reise. Er besuchte vorzüglich die Herren Mead, Hunter, Smellie, Mitchel, Parson, Pringle, Mortimer, Pitcairn, Wincester, und andere Aerzte: Seine Lust zur Naturgeschichte wurde insbesondere durch einen Baker, Catesby, Hill, Hans Sloane, Collinson, wie auch durch das Besehen der vorzüglichsten Kabinette aufgeweckt. Er besuchte ebenfalls die berühmten Naturforscher Watson, Knight, den Doktor Stephans, und die vorzüglichsten Künstler, Graham, Short, und andere. In der Kräuterkunde übte er sich mit Doktor Elliot und verschiedenen Liebhabern derselben. Die Krankenhäuser, Bibliotheken und nützliche Einrichtungen gaben ihm in der übrigen

B Zeit

Zeit seines Aufenthalts viele Beschäftigung. Auf einer Reise nach Oxford besuchte er den berühmten Kennicot, und den großen Halley; und zu Kambridge den Professor Walker, welcher das Haus des unsterblichen Newton bewohnte. Er sahe den Professor Morris und seine Sammlung naturkündiger Instrumente; den berühmten Robert Smith, und andere.

Die Zeichenkunst versäumte er in London keineswegs: sondern übte sich in der Akademie nach dem Model oder Leben, wie auch bey einem Faber im Kupferstechen. Die verschiedenen Handwerke; die Eigenheiten der Landesart und des Schiffbaues waren neue Gegenstände seiner Aufmerksamkeit. Im Sommer des Jahrs 1749 reisete Camper aus England nach Paris, woselbst er dem Herrn Louis, Wundarzte der Salpetriere, dem Doktor Sanchez, Verdun, und dem Herrn de Buffon empfohlen wurde. Zwey Monate brachte er in dieser Hauptstadt mit der Besichtigung der vorzüglichsten Einrichtungen zu; darauf verließ er dieselbe, und nahm seinen Weg nach Lion und Genf. Während seinem

nem Aufenthalt in letzterer Stadt wurde Camper zum öffentlichen Lehrer der Philosophie, Medizin und Chirurgie nach Franeker berufen, welchen Ruf er annahm, und deswegen die Zurückkunft in sein Vaterland beschleunigte. Die Durchreise durch die Städte Lausanne, Bern, Solothurn, Basel, Strasburg, Mannheim und Bonn verschafte ihm Gelegenheit, viele zur Medizin und Chirurgie gehörige Merkwürdigkeiten und Einrichtungen in Augenschein zu nehmen. Er besuchte zu Basel den großen **Bernoulli**, und, um die nachgelassenen Schriften des **Erasmus** und die Gemälde des berühmten **Holbeins** zu sehen, die Stadtbibliothek. Zu Strasburg lernte er die wegen ihrer großen Kenntnisse in der Arzneygelahrtheit und Geburtshülfe berühmten Herren **Fried** und **Roederer** kennen. Sein Reisejournal ist, außer der Beschreibung vieler Merkwürdigkeiten, mit Anmerkungen über den Landbau, die Gestalt und Bestandtheile der Berge, so wie auch über die Versteinerungen, welche darin gefunden werden, reichlich angefüllt. Dasselbe enthält auch Abbildungen von Häusern, Landschaften und Bergen, welche vorzüglich in der Schweiß dem Auge eines Holländers auffallend sind.

Eine schwere Krankheit befiel Camper im Winter des Jahrs 1749 zu Leiden, und war Ursache, daß er erst im Frühjahr 1750 seine Vorlesungen zu Franeker anfing. Er hielt demzufolge eine öffentliche Rede, de mundo optimo (über die beste Welt), und wurde zu gleicher Zeit Mitglied der königlichen Akademie zu London.

Die Nähe Englands, dessen ausnehmende Einrichtungen, und die beträchtliche Anzahl gelehrter Männer, mit denen Camper in voriger Zeit bekannt geworden war, bewogen ihn, in den Ferien des Jahrs 1752 eine zweite Reise dahin zu machen. Er hörte nochmals die Vorlesungen des berühmten Smellie in der Entbindungskunst, und zeichnete verschiedene Platen von dem Werk dieses Schriftstellers, welche in der Vorrede sind angeführt worden. *) Er übte sich auch unter Kelly in der Geburtshülfe, und wurde von Sharp
in

---

*) A Seat of anatomical Tables. London, Ao. 1754. Es sind folgende: Tab. XII. XVI. XVIII. XIX. XXIV. XXVI. XXVII. XXVIII. XXXIV. XXXVI.

in den Operationen der Augen unterwiesen. Die Einimpfung der Pocken, welche in einem besondern Spital unter der Aufsicht des Wundarztes Archer fortgesetzt wurde, war ein vorzüglicher Gegenstand seiner Aufmerksamkeit. Außer den Gelehrten, welche er auf seiner vorigen Reise hatte kennen gelernt, besuchte er die Herren Hawkins, Watson, Didier, und den in der Kunst, Instrumente zu verfertigen, berühmt gewordenen Herrn Smeaton.

Auf diese Weise wurde Camper mit einem neuen Vorrath von Kenntnissen versehen, und setzte seine Vorlesungen zu Franeker, durch die während seinem Aufenthalte auf dieser hohen Schule stets zunehmende Anzahl seiner Zuhörer aufgemuntert, mit großem Ruhm fort. Sein Name blieb auch in Holland nicht unbekannt; sondern er wurde im Jahr 1755 von den Kuratoren des Athenaeum illustre zu Amsterdam zum öffentlichen Lehrer der Chirurgie und Anatomie berufen, und im Jahr 1758 zugleich zum Professor der Arzneigelahrtheit ernannt. Obschon er an Frießlands hoher Schule in großem Ansehen stand, fiel seine Wahl nichtsdestoweniger auf die Niederlassung in dieser blühenden Handelsstadt seines Vaterlandes. Bey der Uebernahme seiner neuen Würde hielt er das erste Mal eine feierliche Rede, über den Nutzen der Zergliederungskunst in allen Wissenschaften (de anatomes in omnibus scientiis usu), und nachher eine zweite, über das Zuverlässige in der Heilkunde (de certo in medicina).

Er heirathete im Jahr 1756 Johanna Bourboom, nachgelassene Wittwe des Burgemeisters J. Vosma zu Harlingen, und Tochter des Burgemeisters J. Bourboom zu Leeuwarden, eines Mannes, der an den ansehnlichsten Aemtern des Staats Antheil hatte.

Ohnerachtet der vielfältigen Beschäftigungen, womit Camper in Ansehung seines Amtes als öffentlicher Lehrer zu Amsterdam überhäuft war, gab er im Jahr 1759 den ersten Theil seiner Demonstrationes anatomico pathologicae heraus, ein Werk von meisterhafter Ausführung und ausgebreitetem Nutzen, welches von der gelehrten Welt mit Beifall aufgenommen wurde; ferner erschien von ihm eine Abhandlung über den Ur-

Ursprung der Brüche bey neugebornen Kindern *); diese wurde der gelehrten Gesellschaft in Harlem zugeeignet, und hiedurch wurde er im Jahr 1762 zum Mitglied dieser Akademie ernannt.

Das gewühlvolle Leben in dieser Handelsstadt und die Beziehungen seiner Gattin auf Frießland bewogen Camper, sein öffentliches Lehramt im Jahr 1761 niederzulegen, und sich auf ein Landgut ohnweit Franeker zu begeben. Er behielt dennoch den Ehrennamen als Professor honorarius die übrige Zeit seines Lebens bey.

Außer den Staatsversammlungen, denen Camper als Bevollmächtigter aus Jdaarderadeel beygewohnt hat, war er ganz den Wissenschaften ergeben. Der zwepte Theil seiner Demonstrationes anatomico pathologicae wurde im Jahr 1762 herausgegeben, ferner erschien eine Fortsetzung von der Abhandlung über die Brüche bey neugebornen Kindern; eine anatomische Beschreibung vom Gehör der gelieferten

---

*) *Over den Oorsprong der Breuken in nieuwgeboorene Kinderen.*

Fische, *) eine von ihm im Jahr 1761 erst gemachte Entdeckung —; eine Abhandlung über die Erziehung der Kinder. **) welche von der harlemmer Gelehrten-Gesellschaft mit einer silbernen Denkmünze gekrönet wurde, und dabey schrieb er noch einige Stücke über den Landbau.

Zwey Jahre durchlebte Camper auf seinem Landgut in wissenschaftlichen Beschäftigungen, als ihm die öffentliche Lehrstelle der Medizin, Chirurgie, Anatomie und Botanik von den Kuratoren der hohen Schule zu Gröningen angetragen wurde. Die Nähe dieser Stadt bey seinem Landgut, seine Ruhmbegierde und eine angeborne Thätigkeit bewogen ihn, seine Verdienste abermals in diesem Amte zum Nutzen des Publikums anzuwenden. Er kam im Herbst des Jahrs 1763 nach Gröningen, und wurde kurz darauf zum Stadtphysikus angestellt. Seine feierliche Eintrittsrede über die wunderbare Uebereinstimmung zwischen Pflanzen und Thieren (de ad-

---

*) Ontleedkundige Beschryving van het Gehoor der gekieuwde Visschen.
**) Over de Opvoeding der Kinderen.

admirabili analogia inter stirpes et animalia); hielt er im Jahr 1764; unmittelbar darauf las er eine Abhandlung über das Hinken und die natürlichen Ursachen desselben (de claudicatione) öffentlich ab. Nicht lange nachher hielt er bey der Niederlegung des Rektorats der hohen Schule eine Rede über die körperliche Schönheit (de pulchro physico). Dieses Stück wurde nachher ausführlicher abgehandelt und im Jahr 1782 der Gegenstand einer in der Zeichenakademie zu Amsterdam gehaltenen Rede, wie wir näher sehen werden. Im Jahr 1765 sandte er eine Abhandlung de callo ossium an die königliche Akademie zu Edinburg, wodurch er zum Mitglied dieser Gelehrten-Gesellschaft ernannt wurde.

Der große Antheil, den Camper an der Verbesserung des Landbau's nahm, war Ursache, daß in Gröningen eine Gesellschaft, um Versuche anzustellen, errichtet wurde, wovon er Sekretair war. Im Jahr 1767 machte er seine Entdeckung von dem Gehörwerkzeug der gekieferten Fische der königlichen Akademie der Wissenschaften zu Paris bekannt, welche dieselbe in dem siebenten

ten Theil der Memoires de mathematique et de physique presentés à l'academie im Jahr 1774 herausgegeben hat. Im folgenden Jahr wurde er Mitglied der königlichen Akademie der Wundärzte zu Paris und Ehrenmitglied der Zeichenakademie zu Amsterdam.

Die Viehseuche, welche im Jahr 1768 grassirte, leitete seine Aufmerksamkeit auf die Untersuchung allerley Mittel, um dieselbe zu heben oder wenigstens gelinder zu machen. Der Professor van Doeveren vereinigte sich mit Camper zur Errichtung einer Gesellschaft, in welcher auf gemeinschaftliche Kosten von sechs und siebenzig Subskribenten, größtentheils Personen von Ansehen, Damen und Herren, die Inokulation vorgenommen, und mit vielen Arzneimitteln Versuche angestellet wurden. Die Bürgemeister und Rathsglieder der Stadt Gröningen haben diese Vorkehrung als eine der lobenswürdigsten Unternehmungen zur Beförderung des gemeinen Bestens durch Verordnungen vom 4. Januar des Jahres 1769 unterstützt und angepriesen.

Eine ähnliche Gesellschaft wurde durch Camper in Frießland unter der Aufsicht des Herrn

Herrn W. Münnicks, nunmehrigen berühmten Professors zu Gröningen, in Vorschlag gebracht, wozu sich binnen kurzer Zeit eine große Anzahl Liebhaber fanden. Die ersten Versuche wurden zu Dykseinde in Doniawerstal den 5. Julii des Jahrs 1769 angestellt; allein der anhaltende Regen und die niedrige Lage des Landes verursachten, daß am ersten August das Blauwhuis in der nemlichen Viehschule dazu gewählt wurde. Obgleich ein günstiger Erfolg die Nützlichkeit dieser Versuche deutlich bewies, blieb dennoch diese heilsame Einrichtung nicht von verläumderischen Nachreden frey. Unwissenheit und Vorurtheile hatten auf den Pöbel solchen schädlichen Einfluß, daß derselbe sich öffentlich mit Schmähungen und Bitterkeit wider diese Versuche erklärte. Professor Münnicks entschloß sich daher, auf Campers Anrathen, diese Viehschule zu verlassen, und sich nach Terband in Aengwirden zu begeben. Die Hütten wurden wieder aufgerichtet, und die Einimpfung bey einer ansehnlichen Menge von hundert und acht Kühen mit verdoppeltem Eifer aufs Neue vorgenommen. Der gemeine Haufe blieb aber bey der Anstellung dieser Versuche

suche nicht lange ruhig. Herr Professor Münnicks wurde auf eine gewaltthätige Weise bey der Nacht mit dem erkrankten Vieh aus dem Bezirk der Viehschule vertrieben, und sahe sich genöthigt, einen Zufluchtsort in einer Entfernung von acht Stunden bey Galama=dammen in Hemelumeroldevaart zu suchen; hier wurde die Inokulation — bis sich zuletzt die Gesellschaft trennte, ruhig fortgesetzt. — Es gehöret nicht zu meinem Zweck, über diese unangenehmen Vorfälle weitläuftiger zu seyn, oder dieselbe in ihrem wahren Lichte darzustellen. — Wir freuen uns über den glücklichen Erfolg dieser Versuche; sie haben das Wohl des Landmanns auf zuverläßigere Gründe, als vor dem Zeitpunkt der Einimpfung — befestigt. Dergleichen nützliche Einrichtungen zu befördern, war die einzige Absicht und die größte Belohnung, welche Camper begehrte! Ein vorläufiger Bericht über diese Versuche wurde den 16. Februar des Jahrs 1770 von ihm und Professor Münnicks den Generalstaaten zugesendet, und durch den Druck bekannt gemacht. Mittlerweile hielt Camper bereits im Jahr 1769 öffentliche Vorlesungen über die Viehseuche auf der gröninger hohen Schule, welche im Jahr 1770 herausgegeben, und im Jahr 1771 zu Koppenhagen schon ins Deutsche übersetzt wurden.

Die Graſſation der Kinderpocken veranlaßte ihn, zu gleicher Zeit verschiedene Versuche mit der Einimpfung anzustellen, wovon der glückliche Erfolg in einer Abhandlung unter dem Titel: Aanmerkingen over de Inenting der Kinderziekte, met Waarneemingen beveſtigt, bekannt gemacht wurde; diese Abhandlung wurde im Jahr 1772 zu Leipzig ins Deutsche übersetzt. Er bemühte sich auch, die Lust zur Mahlerkunst in Gröningen mehr und mehr aufzumuntern, und brachte des Endes eine Zeichenakademie in Vorschlag, welches ihm aber mißglückte. In diesem Jahr wurde er zum Korrespondent der königlichen Akademie zu Paris, wie auch zum Mitglied der gelehrten Gesellschaften zu Rotterdam und Vliſſingen ernannt.

So viele Beschäftigungen in Verbindung mit der wirklichen Abwartung eines wichtigen Amtes waren nicht im Stande, seine Aufmerksamkeit von der Naturgeschichte abzuziehen.

Er

Er machte nicht nur sehr wichtige Entdeckungen in derselben, sondern er benutzte auch alle Gelegenheiten, um seltsame Naturprodukte in öffentlichen Vorlesungen vorzuzeigen. Die Zergliederung eines Orangoutangs, eines Rennthiers, verschiedener Braunfische, eines Wallfischkopfs und der Hirnschale eines doppelhörnichten Rhinozeroß u. s. w. gab hiezu die erwünschte Veranlassung.

Eine besondere Aufmerksamkeit, das Zeichnen der merkwürdigen Theile bey Zergliederung der Leichen von verschiedenem Lebensalter und der dem verewigten Camper natürlich eigene Geist der Vergleichung gaben ihm zur Betrachtung der sonderbaren Analogie zwischen einer großen Menge Geschöpfe Anlaß. Die Gestaltveränderungen der Menschen von der Geburt bis zum höchsten Lebensalter; der Unterschied der Gesichtszüge in verschiedenen Ländern, die scheinbare Aehnlichkeit einiger Menschengattungen mit Affen und mehr andere Untersuchungen hielten seinen Geist in beständiger Thätigkeit. Seine Beobachtungen wurden nicht allein auf die Naturkunde, sondern auch auf die Mahlerkunst anwendbar gemacht, und mit

mit den Abbildungen der berühmtesten Meister verglichen. Endlich, da er überzeugt war, daß er eine nicht trügende Methode erfunden hatte, um die Kennzeichen der am meisten von einander abweichenden Nationen, und die Gestaltveränderungen des Lebensalters auf eine unfehlbare Weise vorzustellen, hielt er es der Mühe werth, seine Entdeckung der Zeichenakademie in Amsterdam vorzutragen. Dieselbe ist im Jahr 1770 in einer öffentlichen Rede mit vielen Abbildungen erklärt, und durch einen großen Zusammenfluß von angesehenen Personen von Geschmack und selbst von Künstlern mit lautem Beyfall aufgenommen worden. *)

Die Zergliederung der Vögel lehrte Camper im Monat Februar des Jahrs 1771 **) den

---

*) Diese jetzt zu einer Abhandlung umgearbeitete Rede ist zu Utrecht bey Wild und Altheer gedruckt, und wird nächstens mit den drey folgenden 1774, 1778 und 1782 gehaltenen Reden herausgegeben werden.

**) Der berühmte Hunter in London eignete sich diese Entdeckung, obgleich viel später, nemlich erst im Jahr 1774, zu. Damals hatte sich bereits ein Schüler Campers aus Gröningen zu London niedergelassen, welcher im Jahr 1771 ein Augenzeuge dieser Entdeckung gewesen war. —

den Eintritt der Luft in die hohlen Knochen der Arme und Hüften, und selbst bis in die Halswirbeln und den ganzen Knochenbau der Raubvögel und solcher, die sich hoch in die Luft schwingen. Eine Beschreibung dieser sonderbaren Vollkommenheit, wodurch diese Thiere merklich erleichtert und mithin im Fliegen unterstützt werden, wurde mit einer anatomischen Beschreibung des Pecari und des Kaapschen Ameisenfressers, zugleich nebst einer Abhandlung über das Werkzeug des Gehörs und die Nase der blasenden Fische der Akademie der Wissenschaften zu Paris zugesendet. Eine über den Ursprung der Farbe der Mohren öffentlich auf dem anatomischen Theater zu Gröningen gehaltene Rede wurde in der dritten Numer des zweyten Theils des Rhapsodists abgedruckt.

Im Jahr 1773, dem letzten seines Aufenthalts in Gröningen, hielt er auf Ersuchen vieler seiner Zuhörer öffentliche Vorlesungen **über die gerichtliche Arzneykunde.** Viele seiner Amtsgenossen, obrigkeitliche Personen, und Rechtsgelehrte beehrten dieselbe mit ihrer Gegenwart, der angenehmsten Belohnung seiner Mühe und seines Eifers.

Zehn

Zehn Jahre waren auf diese Weise in einem sehr thätigen Leben — doch mit stets zunehmendem Ruhm, vorbeygeeilt. Sie haben, nach Campers eigner Aussage, zu den glücklichen Zeiten seines Lebens gehöret; und er würde vielleicht diese angenehme hohe Schule, wo seine Verdienste erkannt und auf alle Weise angespornt wurden, nimmer verlassen haben, wann nicht das Verlangen seiner Gattin, und das Vorhaben, die Erziehung seiner Söhne selbst zu übernehmen, seinem eignen Vergnügen wären vorgezogen worden. Verschiedene dieser Ursachen sind in seiner feyerlichen Abschiedsrede, welche er im Junii des Jahrs 1773 in Gegenwart der Universitätskuratoren gehalten hat, angeführt worden. Er verließ Gröningen im nemlichen Jahr mit den überzeugendsten Merkmalen, daß die Niederlegung seines öffentlichen Lehramtes von vielen betrauert wurde.

Seine Beziehung auf Friesland, welche ihn bereits vorhin bewogen hatte, Amsterdam zu verlassen, bestimmte jetzt seine häusliche Niederlassung zu Franeker, auf deren hohen Schule er einen seiner Söhne studiren ließ.

Durch keine öffentliche Berufsgeschäfte verhindert, besorgte Camper die Herausgabe verschiedener neuen Werke. Er erhielt im Jahre 1772 von der königlichen Akademie zu Toulouse für eine Abhandlung, über die beste Methode, die Pocken zu inoculiren, eine goldene Denkmünze *), und im Jahr 1773 wurde ihm der erste Preis bey der königlichen Akademie zu Lyon für seine Erklärung über die Natur und Heilmethode der Lungenkrankheiten zu Theil. **) Die erst erwähnte Abhandlung kam im Jahr 1774 heraus; in eben dem Jahr wurde auch ein Sendschreiben an D. van Gescher über den Nutzen der Durchschneidung der Schaambeinknorpel bey beschwerlichen Geburten; ***) over het nut van de Door-

---

*) Die aufgegebene Frage der Akademie ist folgende: Determiner les avantages et la meilleure methode d'inoculer la petite verole.

**) Donner la theorie et le traitement des Maladies chroniques du Poumon, avec des recherches historiques et critiques sur les principaux moyens de guerison employés contre les Maladies, par les Medecins anciens et modernes et meme par les empiriques.

***) Wir merken hier an, daß Camper die Durchschneidung der Symphyse der Schaambeine, welche Sigault

Doorſneede der ſchaambeinderen in moeijelyke Verloſſingen.); wozu noch urtheilkündige Anmerkungen über van Swietens Kommentar von den Pocken gefügt wurden, durch den Druck bekannt gemacht. (Oordeelkundige Aanmerkingen over den Commentarius van v. Swieten over de Kinderziekte.)

Ferner ſandte er der zuletzt genannten Akademie eine Abhandlung über die Verfertigung der Bruchbänder (over het toeſtellen van Breukbanden); und ſeine Anmerkungen über die beſchwerlichen Geburten, woran die Einkeilung des Kopfs ſchuld iſt, und den Gebrauch des Roonhuſiſchen Hebels zur Beförderung ſolcher Geburten (Over de moeilyke Verloſſingen, door geklemde Hoofden veroorzaakt, en het Gebruik van den Roonhu-

gault in Paris vorgeſchlagen hat, am allererſten an einem lebendigen Thier vorgenommen habe. Ein hiezu gebrauchtes Schwein iſt ohne angewendeten Verband ſchnell und vollkommen geneſen. —

husiaanischen Hefboom, om dezelve te bevorderen.)

An die gelehrte Gesellschaft zu Rotterdam (bataafsch Genootschap) sendete Camper eine Abhandlung, über die Bildung und den Eingang der Luft in die grösseren Knochen der Vögel (over het Samenstel en den Ingang der Lucht in de groote Beenderen der Vogelen); welcher noch eine andere, über den Gesang der männlichen Frösche (over het Gezang der mannetjes Kikvorschen, und eine dritte, über die Verfertigung der Bruchbänder beygefügt sind.

Noch im Jahr 1774 wurden zu Leeuwarden gedruckt: 1) Eine gerichtliche und anatomische Abhandlung über die Zeichen des Lebens und Todes bey neugebornen Kindern (gerechtelyke en ontleedkundige Verhandeling over de tekenen van Leven en Dood in nieuwgeborene Kinderen). 2) Gedanken über das Verbrechen des Kindermords und eine bequeme Art, um Findlingshäuser einzuführen (Ge-

Gedachten over de Misdaad van Kindermoord, en eene gemakkelyke Wize, om Vondelinghuizen intevoeren. 3) Ueber die Urſachen des Kindermordes und des Selbſtmordes, wobey zwey Verſuche über das Einblaſen der Luft in die Lungen ſolcher Kinder, die todt zur Welt kamen, angeführet ſind (over de Oorzaaken van Kindermoord en van Zelfsmoord, waarby twee Proeven over de inblaazing der Lucht in de Longen van Kinderen, welke dood ter Waereld zyn gekomen.

Zu Amſterdam beſtieg Camper im Herbſt den Katheder der Zeichenakademie zum zweyten Mal: ſo wie er das erſte Mal die Kenntniß der Zergliederungskunſt und ihre unmittelbare Anwendung auf die Darſtellung der Geſichtszüge verſchiedener Länder und verſchiedener Lebensjahre abgehandelt hatte; ſo war jetzt der Gegenſtand ſeiner Rede, die Abbildung der Leidenſchaften durch die Kenntniß der Nerven vorſtellen zu lehren (de Afbeelding der Hartstochten door de Kennis der Zenuwen te leeren vorstellen). Ohne sich in ein Labyrinth übernatürlicher Spekulationen in Betreff der Wirkung unserer Seele auf die Sinnesorgane einzulassen, fingen die Wahrnehmungen Campers von dem Augenblick an, worin die Nerven bereits leiden, dadurch die Gesichtszüge verändern, und ihre Wirkungen auf die Stellung des ganzen Körpers offenbaren. Die neue Methode, um einen solchen beschwerlichen Gegenstand auf naturkündige Grundlagen zu bringen, und auf eine dem Begriff der Mahler angemessene Weise vorzustellen, wurde mit redenden Beyspielen in Gegenwart vieler Mahler, Liebhaber der Zeichenkunst und Personen von Geschmack bestätigt. Die Direktoren und Mitglieder der Zeichenakademie belohnten Camper für den Nutzen dieser und der vorhergehenden Vorlesung vom Jahr 1770 mit einer goldenen Denkmünze.

Den Winter hindurch beschäftigte er sich mit der Zergliederung eines jungen, in dem Thiergarten Sr. hochfürstlichen Durchlaucht, des Herrn Erbstatthalters Prinzen von Oranien-
Nas-

Naſſau, geſtorbenen Elephanten, deren Beſchreibung durch eine kurze Nachricht in den Vaderlandſche Letter-oeffningen bekannt gemacht wurde. Ein gröſſeres Werk hierüber mit vier und zwanzig Kupfern in Folio-Format und der Beſchreibung der merkwürdigſten Theile dieſes ſeltſamen Thieres werde ich, ſo bald es mir möglich ſeyn wird, herausgeben.

Im Jahre 1775 ließ Camper in den Vaderlandſche Letter-oeffningen ein Schreiben abdrucken, worin er bewies, daß die Entdeckung von dem Eingang der Luft in die Knochen der Vögel von ihm lange vorher gemacht ſey, ehe ſie dem berühmten Hunter in England bekannt geworden war, und daß er dem Eingang derſelben bis in die Knochen des Hirnſchädels und der Kinnladen weiter, als jener Gelehrte, nachgeſpürt habe, welcher ſeinem eigenen Geſtändniſſe nach hievon im Jahr 1774 nichts wußte. Siehe philoſoph. Transact. 64. Th. S. 211.

Zwey goldene Ehrenmünzen erhielt er von der königlichen Akademie der Chirurgie in Paris.

ris. Die erste im Jahr 1774 *) wegen seiner Abhandlung über die nachtheiligen Folgen des Mißbrauchs der Pflaster und Salben in der Wundarzneykunst, und die Anweisung zu einer verbesserten Behandlungsmethode eiternder Wunden (over de nadeelige Gevolgen van het Misbruik der Plaasters en Zalven in de Heelkunde, en de Aanwyzing eener verbeterde Behandeling van zweerende Wonden). Die zweyte wurde ihm im Jahr 1776 zuerkannt, wegen seiner Abhandlung über den Einfluß der verschiedenen Luftbeschaffenheiten auf die Wundarzneykunst, und die Mittel, um dieselbe bey der Behandlung der Wunden und Krankheiten zu verbessern**).
(over

---

*) Exposer les inconveniens, qui resultent de l'abus des onguens et des emplâtres, et de quelle reforme la pratique vulgaire est susceptible à cet egard, dans le traitement des ulceres.

**) Comment l'air par ses diverses qualités peut influer dans les maladies chirurgicales, et quels sont les moyens de le rendre salutaire dans leur traitement.

(over den Invloed der verschillende Luchtgesteldheden op de Heelkunde, en het Middel, om dezelve in de Behandeling van Wonden en Ziektens te verbeteren.

Bis zum Anfang des Jahrs 1776 war Campers Leben durch keine Widerwärtigkeiten gestört worden. Die vortreflichen Eigenschaften einer Gattin bestimmten seit langer Zeit das Glück seines Lebens. Achtung und Liebe für ihren Ehegatten, zärtliche Sorgen für ihre Kinder, und ein tugendvoller Lebenswandel erhoben sie zum Muster einer vollkommnen Mutter. Nachdem sie beynahe zwanzig Jahre mit ihrem Gatten in der Ehe gelebt hatte, wurde sie ihm durch den Tod entrissen! Eine gerechte Betrübniß hielt seine Aufmerksamkeit eine lange Zeit von wissenschaftlichen Beschäftigungen ab.

Zur Linderung seines Schmerzes unternahm Camper eine kurze Reise in die benachbarten Länder außerhalb seinem Vaterlande. Die Grafschaft Bentheim, das Herzogthum Cleve und Brabant wurden dazu ausersehen. Der berühmte Pauw zu Xanten, die merkwürdigen

Einrichtungen und herrlichen Gemälde in Brabant verschaften ihm auf dieser Reise viel Vergnügen.

Die berühmten Mahlereyen des großen **Rubens**, des rühmlich bekannten **van Dyck** und anderer Meister, welche den Ruhm der brabantschen Schule vergrössert haben, waren zu Antwerpen der Gegenstand seiner Aufmerksamkeit gewesen. Er besuchte auch die berühmtesten Aerzte und Wundärzte, die Krankenhäuser und andere Merkwürdigkeiten. —

Der botanische Garten, das anatomische Theater mit den nachgelassenen Werken des berühmten Professors **Bills**, die Instrumentensammlung für die Naturkunde, worüber Professor **Thysbaart** die Aufsicht hatte, die Bibliothek und die angesehensten Gelehrten wurden zu Löwen besucht.

Zu Brüssel haben die merkwürdigen Gemälde und Bilder von **Quenoi** und andern Meistern, die Sammlung seltsamer Naturalien des Prinzen **Karl von Lothringen**, die prächtigen Palläste, und die angenehmen Promenaden seine Bewunderung rege gemacht. Unter den dortigen Gelehrten sahe er den Herrn

Che-

Chevalier, Aufseher der Bibliothek des Prinzen Karl, den Herrn des Roches, Sekretair der Akademie der Wissenschaften und den Doktor Burtin. Dieser letzte besaß eine vortrefliche Sammlung seltsamer Naturalien, welche in der umliegenden Gegend der Stadt Brüssel und durch ganz Brabant in großer Menge angetroffen werden. Zwey Monate wurden auf dieser Reise durchgebracht; worauf Camper wieder nach Franeker zurückkehrte.

Das Jahr 1776 gehörte zu den nachtheiligen Jahren für die Teiche Frieslands, indem heftige Stürme diesen Landesstrich mit wichtigen Unglücksfällen bedrohet haben. Dem verewigten Camper war an der Dauerhaftigkeit der Mittel, welche zur Sicherstellung unserer Küsten angewendet wurden, sehr viel gelegen, theils seiner eigenen Besitzungen halber, theils aber, weil er zur Einrichtung der Teiche als Bevollmächtigter ernannt war. Er war der Meinung, daß die neue Methode, die Teiche mit Fachwerk zu versehen, welche der Graf von Wassenaar als Teichgraf der 5 Deels Teichen in einer preiswürdigen Absicht angewendet hatte, nicht so dauerhaft und mit gröſ-

serem

serem Kostenaufwand gepaaret seyn, als die längst erprobte durch C. Robles eingeführte Weise mit Grundpfählen, und Vor- und Hinterküsten; weswegen er einen an den Grafen von Wassenaar über diesen Gegenstand geschriebenen Brief drucken ließ, worin der Beweis seiner Behauptung gefunden wird. Er erschien im Jahr 1777, und das Jahr darauf wurden andere Abhandlungen ans Licht gegeben. *)

Ferner schrieb er in den Vaterlandsche Letter-oeffningen einen Brief über das Steinschneiden zu zwey Zeiten (over het Steensnyden in twee Reizen), und eine Abhandlung über den doppelhörnichten Rhinozeroß, welche durch den berühmten Pallas den neuen Kommentarien der Akademie der Wissenschaften zu Petersburg einverleibet wurde.

Das

---

*) Noodige Aanmerkingen van P. Camper op de Verhandeling van Z. E. den hooggeb. Heer C. G. Graave van Wassenaar Twickel enz. over de 5 deels Dyken van Friesland, en zaakelyke Wederlegging van het Antword door Z. E. den hooggeb. Heere C. G. Graave van Wassenaar Twickel mitgegeeven, tot staaving van de Bestaanbaarheid der Vaken Steenwerken aan de 5 deels Dyken aangelegt.

Das Vergnügen, welches Camper auf seiner vorigen Reise genossen hatte, und sein Verlangen, die Hauptstadt Frankreichs, woselbst er Mitglied der vorzüglichsten Akademie geworden war, zu besuchen, bewogen ihn, im Sommer eine Reise dahin zu machen. Er las in der Akademie der Wissenschaften einen kurzen Entwurf vor über die Kennzeichen von einander verschiedener Nationen und die Art, dieselben sowol, als auch die Gesichtszüge verschiedener Lebensjahre und das Schöne der Antiken mit Zuverlässigkeit zu zeichnen (Kort Vertoog over de Kentekenen van verschillende Natien en de Manier, om dezelve, zoo als ook Troonien van verschillenden ouderdom en het schoon der Antyken met Zekerheid te tekenen). Zweytens, eine Abhandlung über die beste und wohlfeilste Art, Bruchbänder zu verfertigen, und über einige Versuche, das zu diesen Bruchbändern erforderliche Stahl auf die vortheilhafteste Weise zu härten.

(Ver-

(Verhandeling over de beste en minst kostbaare Wyze, om Breukbanden te bereiden, en over eenige Proeven om het staal, tot deeze banden dienende op de voordeeligste manier te harden).

Seine Vorlesung in der königlichen Akademie der Chirurgie betraf die Entdeckung der Drüsen auf der innern Seite des Brustbeins und die aus der Mitleidenschaft dieser Drüsen hergeleitete Zeichen der Unheilbarkeit des Brustkrebses (Ontdekking der Klieren aan den binnen Kant van het borstbeen en de tekenen van onherstelbaren Borstkanker uit derzelver Aandoeningen af te leiden.

In der königlichen Gesellschaft der Aerzte las er eine Abhandlung vor über die Natur der Viehseuche und die Vortheile der Einimpfung (over den Aart der Veepest, en de Voordeelen der Inenting), welche im Jahr 1779 in den memoires dieser Gesellschaft herausgegeben wurde. Er besuchte zu seinem besondern Ver-

Vergnügen die berühmten Männer Francklin, Marmontel, Diderot, Louis, Tenon, Portal, Daubenton, Geoffroy und andere Gelehrte. Die Sammlung von Schiffsmodellen bey der Akademie der Wissenschaften, die seltsamen Naturalien in dem königlichen Garten und die ansehnlichsten Kabinette waren Gegenstände seiner Aufmerksamkeit. Er nahm die vorzüglichsten Einrichtungen, das Hotel Dieu, das Findlingshaus, die Veterinärschule u. d. m., ob sie schon mit seinen Einsichten nicht sehr übereinstimmten, in Augenschein.

Er besahe nochmals Versailles, das königliche Schloß, die Gemälde von Le Brun und die Sammlung antiker und moderner Bilder, welche in dem königlichen Garten gefunden werden. Der lebendige Rhinozeroß und Elephant im Thiergarten zogen seine Aufmerksamkeit insbesondere auf sich. Ein kurzer Aufenthalt zu Nantes beschloß diese Reise, und Camper kehrte im Herbst nach Friesland zurück. —

Er setzte jetzt mit neuem Eifer die Betrachtung der Natur in dem Körperbau der Thiere fort. Die Klassifikation derselben nach auswendigen Kennzeichen gefiel ihm nicht so gut, als die Kenntniß des inwendigen Baues und die sonderbare Uebereinstimmung zwischen solchen Geschöpfen, die dem Körperbau und der Lebensart nach beym ersten Anblick so sehr von einander verschieden sind. Eine nähere Untersuchung lehrte ihn zwischen Fischen, vierfüßigen Thieren, Vögeln und Menschen eine erstaunliche Aehnlichkeit finden; er entdeckte geschwind den Grad immer zunehmender Vollkommenheiten, wornach dieselben in der Ordnung der Schöpfung auf einander folgen.

Dies scheinbare Wunder war bereits durch die klügsten Köpfe der Vorzeit, **Aristoteles, Cicero**, und andere bemerkt; in spätern Zeiten von einem **Belon** von Mans und dem Grafen **von Büffon** durch allgemeine Denkbilder aufgeklärt worden; allein Niemand war tief genug in die Geheimnisse der Natur eingedrungen, um diesen stuffenweisen Uebergang mit unwiderlegbaren Gründen zu beweisen; keiner hatte es gewagt, seine Muthmaßungen in Betreff der Ursache und Nothwendigkeit ihres organischen Baues bekannt zu machen. So sonderbar ist der wechselseitige Einfluß der

Na-

Naturgeschichte und der Zergliederungskunst auf die Mahlerkunst, daß Camper eine solche treffende Entdeckung ohne ihre Beyhülfe vielleicht nimmermehr würde gemacht haben. So viel ist wenigstens gewiß, daß er dieselbe unmittelbar auf die Zeichenkunst angewendet, und zum Gegenstand einer Rede in der Zeichenakademie zu Amsterdam sich vorbehalten hatte. In zweyen im Jahr 1778 gehaltenen Vorlesungen hat er nicht allein die Uebereinstimmung und Gleichförmigkeit der meisten Thiere mit Zeichnungen und Beyspielen erläutert, sondern auch zugleich seine Sätze mit urtheilskündigen Anmerkungen über die Meisterstücke der berühmtesten Mahler verglichen. —

Ein sechster Preis wurde ihm im nemlichen Jahr von der Gesellschaft naturforschender Freunde zu Berlin wegen einer Abhandlung über die vorzügliche Ursache der ansteckenden Krankheit unter dem Hornvieh *) zuerkannt; (over de

---

*) Die Aufgabe stand, wie folgt, in dem Mercure de France: Quelle est la principale cause des epizooties? Consiste-t-elle dans un germe unique, qui par

de voornaame Oorzaak der befmettelyke Ziekte onder het Rundvee) worauf Camper zum Mitglied dieſer Geſellſchaft angenommen wurde. Faſt zu gleicher Zeit wurde er Mitglied der königlichen Akademie der Wiſſenſchaften und Inſchriften zu Toulouſe, und der Geſellſchaft zur Beförderung des Landbaues zu Amſterdam.

Petrus Camper gab mittlerweile einige Abhandlungen über die Wundarzneykunſt, Naturhiſtorie und die Teiche in Frießland heraus. Dieſe ſind: 1) Abhandlungen des Hippocrates, Celſus und Paulus Aegineta über die Fiſteln und Vorfälle des Maſtdarms mit eigenen Anmerkungen erläutert (over de Pypzweeren en uitzakkingen van den Aars, met eigen Aanmerkingen opgehelderd). 2) Eine kurze Nachricht

par telle modification devient telle maladie plûtot que telle autre? le germe primitif ou cette premiere cauſe des epizooties provien-t-il originairement de l'air, ou ſe trouve-t-il dans le corps des animaux? peut-on prouver par des obſervations, que des vers ou d'autres inſectes forment cette matiere dans le corps des animaux, ou la mettent en mouvement et en fermentation?

richt über die Zergliederung verschiedener Orang-outangs und ein Recueil von Stücken, welche zu den 5 Deelen Dyken in Frießland gehören.

Er übergab im Jahr 1779 der königlichen Akademie zu London eine Abhandlung über das Sprachorgan des Orang-outangs und anderer Affenarten (over het Spraaktiug van den Orang-outang en van andere Aapzoorten). Der Endzweck derselben ist, die Unfähigkeit zum Sprechen bey diesen Thieren aus der Abweichung ihrer Sprachorganen von jenen der Menschen abzuleiten, und liefert daher einen neuen Beweis auf, daß die Orang-outangs von der Menschheit hinreichend verschieden sind. Zu Amsterdam ist der erste Theil der naturkündigen Abhandlungen über den Orang-outang und andere Affenarten, über den doppelhörnigen Rhinozeros und das Rennthier herausgekommen (over den Orang-outang en andere Aapzoorten, over den dubbelhoornigen Rhinoceros en het Rendier).

Der ſiebente Preis einer goldenen Medaille wurde Camper im Jahr 1779 von der königlichen Akademie zu Dijon zuerkannt wegen der Beantwortung einer Frage: Welche iſt die Eigenſchaft und Art ſpecifiker Geneesmittel, und welche iſt die wahre Wirkungsart von ſolchen, die bereits durch die Erfahrung erprobt ſind, und nach welcher Methode werden ſelbige mit dem glücklichſten Erfolg angewendet? Und endlich, welche ſind die Krankheiten, in denen es noch an ſpecifiſchen Mitteln fehlt?*) Er ließ in der leidner Monatſchrift: Genees-, Natuur- en Huishoudkundig Kabinet eine Abhandlung über die wahre Natur der Erzeugung des Krebſes und das untrügliche Zeichen der Unheilbarkeit des Bruſtkrebſes einrücken. (Over den waaren Aart der Kankerwording,

---

*) Determiner ce que c'eſt qu'un ſpecifique, et les qualites que doit avoir un remede de ce genre, indiquer ceux que l'experience a fait connoître. Expliquer leur manière d'agir, expoſer la methode à ſuivre dans leur uſage, enfin deſigner les maladies, contre les quelles on deſire encore des ſpecifiques.

ding, en het onfeilbar teken van onherstelbaaren Borstkanker).

Camper hatte bereits lange das Vergnügen gehabt, die berühmtesten Gelehrten in England und Frankreich zu kennen, aber ein nicht minder beträchtlicher Theil des gelehrten Europa's war unbesucht geblieben. In Deutschland hatte er allein jene Gegenden durchgereiset, in welchen die Musen ihren Sitz weniger befestigt haben, als im nördlichen Theile dieses Reichs. Die Verdienste der Gelehrten Deutschlands waren längstens der Gegenstand seiner Bewunderung, und er wünschte dieselben in ihrem Vaterlande zu besuchen. Die Abreise seines mittelsten Sohnes nach Hamburg gab hierzu die Veranlassung, und er setzte seine Reise nach Zelle, Hannover, Göttingen und Kassel fort.

In Hamburg besuchte er die Aerzte Jenitsch, Reimarus, Bolten, und den Professor Giseke, sämtlich Gelehrte von Ansehen. Er besahe die Stadtbibliothek, und die anatomischen Werke des berühmten Kerkerings. Er nahm auch den durch astronomische Wahrnehmungen berühmt gewordenen Thurm des Tycho Brahè, und alles, was be-

bemerkenswerth ist, in Augenschein. Er machte der verwittweten Frau Gräfin von Rhoon, gebornen von Bentinck, einer der größten Mäzenaten dieser Reichsstadt seine Aufwartung. Eine ausgebreitete Kenntniß der schönen Wissenschaften, in Verbindung mit sehr vielem Genie und Geschmack, werden den Namen dieser Dame in dem Verzeichniß der vorzüglichen Frauen dieses Jahrhunderts nicht ohne Ruhm aufbewahren.

Zu Zelle besuchte er die Herren Taube und des Roques wegen ihrer Verdienste und ihre Sammlung seltsamer Naturalien, welche sie besitzen. In Hannover versicherte Camper dem Ritter Zimmermann, dem Doktor Andreae, dem Professor Kersting, dem Rathsherrn Brandes und dem Grafen von Walmoden seine Hochachtung. Mit vieler Zufriedenheit sahe er bey dem letzten die Sammlung von Alterthümern und jene von seltsamen Naturalien bey den Herren Andreae und Ebel. Die angenehme Lage der Stadt, die besondern Einrichtungen u. s. w. gefielen ihm im höchsten Grad. Er besuchte die St. Johanniskirche, wo der Körper

per des großen Leibnitz ruhet. Hierauf reisete er nach Pyrmont und Göttingen.

Göttingen ist vor vielen hohen Schulen wegen der beträchtlichen Anzahl großer Männer in allen Fächern der Gelehrsamkeit längst bekannt gewesen. Die Namen eines Haller, Michaelis, Heyne, Hollmann, Gmelin, Wrisberg, Blumenbach, Lichtenberg und Murray werden zugleich mit dieser berühmten hohen Schule, die noch jetzt die größte Anzahl dieser Gelehrten durch die Aufmunterung des blühenden Englands besitzt, viele Jahrhunderte den Nachkommen ehrwürdig bleiben. Camper wurde bey seiner Anwesenheit Mitglied der dortigen gelehrten Gesellschaft.

Die Versuche mit der Elektricität bey dem Professor Lichtenberg; die Sammlung seltsamer Naturalien bey dem Professor Hollmann; die Bibliothek, und das mit seltenen Stücken versehene Naturalienkabinet der Universität; das nach des großen Hallers Angabe eingerichtete anatomische Theater, wie auch das durch des gelehrten Mayers Werke berühmt ge-

gewordene Observatorium wurden mit vorzüglicher Aufmerksamkeit in Augenschein genommen.

Die ausgelöschten Feuerberge in der Gegend von Kassel fesselten seine Andacht, und er zeichnete einige davon, welche am Wege lagen. Kassel selbst, welches wegen seiner herrlichen Sammlung von Gemälden und Alterthümern berühmt ist; die Gärten und der Thiergarten des Landgrafen, die Einrichtungen für Chirurgie und Medicin waren sämtlich Gegenstände seiner Bewunderung. Er besuchte den Professor Soemmering, dessen Verdienste er durch einen Besuch auf klein Lankum (Campers Landgut in Friesland) hatte schätzen lernen. Auf seiner Zurückreise durch Münster hat er von der Frau Fürstin von Gallitzin und dem berühmten Domherrn von Fürstenberg viele Beweise ihrer Achtung empfangen, und sie haben ihm seinen Aufenthalt in dieser Stadt sehr angehm gemacht.

Petrus Camper war über diese Reise nach Deutschland so sehr vergnügt, daß er im folgenden Jahre eine zweyte Reise antrat. Die von ganz Europa längst bewunderten preußischen Staa-

Staaten, woselbst die Wissenschaften unter dem Schutz eines Regenten blüheten, dessen Heldenmuth mit dem Ruhm eines großen Weltweisen verbunden war, verdienten vor allen andern Ländern durch Reisende von Verdiensten besucht zu werden. Den unsterblichen **Friederich** zu sehen, die herrlichen Gebäude, welche seinen Aufenthalt mit Geschmack zieren, in Augenschein zu nehmen, und die Gelehrten, welche seinen Thron umringen, zu besuchen, waren Vergnügungen, wornach **Camper** schon viele Jahre verlangt hatte. In Begleitung des jüngsten seiner Söhne trat er im Monat Junii des Jahrs 1780 die Reise über Hannover, Braunschweig, Magdeburg und Brandenburg an.

Camper wurde in Braunschweig durch seine, von ansehnlichen Männern, die in unserem Staate einen vorzüglichen Rang bekleiden, erhaltene Empfehlungen von dem Minister **Ferronce von Rothenkreuz** und dem Grafen **de Mareschall** mit vielen Zeichen der Achtung empfangen. Ihm wiederfuhr die Ehre, dem regierenden Herzog und dessen königlichen Gemahlin, wie auch Ihrer königlichen

chen Hoheit, der verwittweten Frau Herzogin vorgestellt und mit überzeugenden Beweisen von Ehre empfangen zu werden.

Er besuchte den berühmten Abt Jerusalem, den Professor Zimmermann und den Doktor Brückmann. Professor Rollin begleitete Camper in die Bibliothek und das anatomische Theater.

Die ausgezeichnete Sammlung von Gemählden zu Salzthal, die berühmte Bibliothek und der Aufenthalt des vortreflichen Lessing zu Wolfenbüttel bewogen Camper, eine Reise dahin zu machen. Während seinem Aufenthalt in Magdeburg wurde er bey dem Gouverneur von Saldern und bey dem General von Kalckstein sehr gütig aufgenommen.

Berlin machte einen tiefen Eindruck auf Camper nicht nur wegen seiner Regelmäßigkeit, sondern auch wegen der Menge ansehnlicher Gebäude, welche dieser Stadt ein sehr glänzendes Ansehen verschaffen. Der große Friederich scheint nach dem Beispiel des Kaisers Adrian die ganze Pracht des Alterthums und die vorzüglichsten Gedenkstücke der
Grie-

Griechen und Römer in seine Staaten herüber: gebracht zu haben.

Zu Potsdam hatte Camper das Glück, dem damaligen Kronprinzen und jetzt regierenden König seine Aufwartung machen zu dürfen, und die Verdienste eines Fürsten hochschätzen zu lernen, welcher den Ruhm seines Vorfahren mit gleichem Ruhm und Glanz seinen Nachkommen überbringen wird.

Am folgenden Tage genoß Camper die Ehre, dem König vorgestellt und mit einer langdaurenden Unterredung begnadigt zu werden. Der Vorwurf dieser Unterredung betraf gröstentheils Künste und Wissenschaften, und gewährte dem verewigten Camper die gewünschte Gelegenheit, die scharfe Beurtheilungskraft und die ausgebreiteten Kenntnisse des Monarchen zu bewundern. Nicht wenig war er durch die besondere Freundlichkeit und Herablassung des Königs betroffen. Die wahre Größe, verbunden mit einer liebreichen Begegnung, erlangt einen gedoppelten Werth; sie erweckt Ehrfurcht und Zuneigung, und scheint eine Wohlthat zu seyn, die man bey erhabenen Verdiensten selten erwarten kann.

Cam-

Camper nahm die Stadt Potsdam und ihre prächtigen Einrichtungen für die Kriegskunst, das königliche Schloß Sans-souci, wie auch die Sammlung von Gemählden und Alterthümern mit der äußersten Zufriedenheit und Bewunderung in Augenschein.

Der Umgang mit Gelehrten vom ersten Rang, mit einem Mendelssohn, Nicolai, Le Cat, Silberschlag, Bode, Walther, Formey, Siegfried, Theden, Schmucker, Selle, Gleditsch, Block und andern machte Campers Aufenthalt in Berlin auf eine neue Weise angenehm. Er sahe die vorzüglichsten Sammlungen seltsamer Naturalien bey den Herren Bloch, Siegfried und Gerhard, und den Vorrath anatomischer Präparaten und Skeleten bey dem Professor Walther. Die königliche Akademie der Wissenschaften und die Gesellschaft naturforschender Freunde, deren Mitglied Camper vor einiger Zeit geworden war, wurden von Ihm besucht und in ihren Versammlungen beygewohnet.

Campers Verlangen, Sr. königlichen Hoheit, dem Prinzen Heinrich, Bruder und

und Theilgenossen an dem unsterblichen Ruhm des großen Friederichs seine Ehrfurcht zu bezeugen, bewogen Ihn, seine Zurückreise von Berlin über Rheinsberg zu nehmen. Zwey Tage hintereinander hatte er das Glück, Mittags und Abends zur Tafel des Prinzen gezogen zu werden, und in höchster Gegenwart Sr. königlichen Hoheit die bezaubernden Schönheiten seines Lustschlosses zu bewundern. Er verließ Rheinsberg und Potsdam nicht ohne das gröste Gefühl der Dankbarkeit für die glücklichen Augenblicke, welche er der huldreichen Aufnahme der königlichen Familie schuldig war. Mehr als einmal freute sich **Camper**, einen Hof gesehen zu haben, an welchem nur wahren Verdiensten der Zugang zum Throne verstattet wird, und an welchem große Weltweise nicht allein Schutz und Ansehen, sondern auch selbst Freundschaft und Gastfreiheit genießen durften.

Nach seiner Zurückkunft von dieser Reise fieng **Camper** wiederum an, sich mit litterarischen Arbeiten zu beschäftigen, und gab neue Abhandlungen über die Wundarzneykunst und über andere Gegenstände heraus. Im Jahre 1781 erschien eine Abhandlung **über den**

be-

beſten Schuß (over den beſten Schoen), welche nachher ins Franzöſiſche überſetzt wurde. Drey Antworten auf Preisfragen, welche die königlichen Akademien der Chirurgie und Medizin zu Paris zur Beantwortung aufgeworfen hatten, wurden — keine ausgenommen — mit einer goldenen Denkmünze gekrönt. Die erſte war über die Frage: welche ſind die Würkungen des Schlafs und des Wachens, und in welchen Fällen muß man auf die Vortheile davon in Heilung der Krankheiten, welche zur Wundarzneikunſt gehören, Rückſicht nehmen? *) — Welke zyn de uitwerkingen van den flaap en het Waaken, en in welke Gevallen moet men 'er het nut van betrachten in de Geneezing der Ziektens, die tot de Heelkonst behooren). Die zweite Frage war: Welchen Einfluß kann die Hemmung der verſchiedenen Ausleerungen und Auswürfe unſeres Körpers

*) *Expoſer les effêts du ſommeil et de la veille et les indications ſuivant les quelles on doit en preſcrire l'uſage dans la cure des maladies chirurgicales.*

pers auf die zur Chirurgie gehörende Krankheiten haben, und welche sind in dieser Rücksicht die gebräuchlichsten Heilanzeigen? *) Welk een invloed kan het beletzel der verschillende uitvloeizels en uitwerpzelen van ons Lighaam hebben op de Ziektens, die tot de heelkonst behooren, en welke zyn de Gebruikelyke Geneezings - regels tot dit onderwerp betrekkelyk? Die dritte betraf die Frage? über die Art, Ursache und Behandlung der Wassersucht, und vorzüglich über die Bestimmung solcher Kennzeichen, welche die verschiedenen Gattungen von Geneesmitteln, die jedem Fall insbesondere, und den verschiedenen Arten der Wassersucht am vorzüglichsten angemessen sind, genau angeben **).

Over

*) Comment le Vice des differentes excretions peut influer sur les maladies chirurgicales et quelle sont les regles de pratiques relatives à cet objet?

**) Exposer la nature, les causes, le mecanisme et le traitement de l'hydropisie, et sur tout faire connoitre les signes, qui fixent d'une maniere precise les indications des differens genres de secours.

(Over den Aart, Oorzaak en Behandeling van de Waterzugt, en voornaamelik het bepaalen van zulke tekenen, welke eene nauwkeurige Aanwyzing doen van de verschillende Zoorten van Geneesmiddelen, die tot ieder Geval in het byzonder en voor de verschillende Zoorten van Waterzugt het meest dienstig zyn.

Im Jahr 1782 gab er ein Sendschreiben an den Hrn. B. Hussem, berühmten Wundarzt in Amsterdam, heraus: über die Ursachen des Hinkens der Kinder, und eine neue Methode, demselben vorzubeugen (over de Oorzaaken van het Mankgaan der Kinderen, en eene nieuwe Konstbewerking, om dezelve voor te komen.) 2) Ueber das Wachsthum der Steine in der Harnblase und über das Steinschneiden in zwey Zeiten nach der Lehre des berühmten Franco.

Wäh-

Während der Sommersaison machte Camper eine Reise nach Mastricht, Lüttich, Spaa, Aachen und Düsseldorf. Er besahe die von dem berühmten Hoffmann nachgelassene Sammlung seltsamer Naturalien und einiger andern darauf sich beziehenden merkwürdigen Stücke bey den Herren Drouin und Godin. Zu Lüttich wurde ihm das Kabinet des Grafen Praeston gezeigt, zu Aachen und Spaa nahm er die vorzüglichsten zu den Bädern und dortigen Handwerken gehörenden Einrichtungen, und zu Düsseldorf die ausnehmende Sammlung von Gemälden, welche Camper als ein Liebhaber der Mahlerkunst mit der größten Zufriedenheit bewunderte, in Augenschein.

Im Herbst hielt er in der Zeichenakademie zu Amsterdam eine vierte Rede (über die Schönheit der körperlichen Bildung (de pulchro physico), und bewies in derselben, daß in der Natur keine positive Schönheit gefunden werde, sondern daß dieselbe von einer wechselseitigen Uebereinstimmung, die auf das Ansehen einiger Wenigen gegründet ist, abhängt (dat 'er in de na-

E   tuur

tuur geen ſtellig fchoon gevonden wordt, maar dat hetzelve van eene onderlinge overeenſtimmung, gegrondveſt op het Gezag van eenige Weinigen, afhangt).

Petrus Camper gab im Jahr 1783 die Beantwortung einer von der gelehrten Geſellſchaft, het bataafſch genootſchap, vorgelegten Frage ans Licht. Der Vorwurf derſelben iſt: Die natürlichen Urſachen anzugeben, warum der Menſch mehr, als ein einziges Thier, Krankheiten und Gebrechen unterworfen iſt; welches ſind die Mittel zur Herſtellung der Geſundheit, die aus der Unterſuchung der vergleichenden Zergliederungskunſt hergenommen werden können? (De natuurlyke redenen aantewyzen, waaróm de Menſch meer dan eenig Dier aan Ziekten en Gebreken onderhevig is; welke zyn de Middelen tot herſtelling der Gezondheit, die uit het onderzoek der vergelykende Ontleedkunde kunnen worden ontleend?) Dieſe Ab-

Abhandlung wurde der Gesellschaft zugeeignet, nachher mit neuen Zusätzen vermehrt herausgegeben, und von Herrn Herbell ins Deutsche übersetzt.

Im Jahr 1785 wurde Camper zum Mitglied der königlichen Akademie der Wissenschaften zu Paris ernannt, eine wichtige Ehrenbezeugung, welche nur allein acht ausländischen Gelehrten erwiesen wird.

So wie man nicht selten wünscht, die Orte zum andern Mal zu besuchen, an welchen wir vorhin angenehme Augenblicke durchlebt haben; so war es auch mit Campers Wunsch in Betreff Englands in mehr, als einer, Rücksicht beschaffen. Er war in den Jahren 1748, 1749 und 1752, um seine Kenntnisse in den Wissenschaften zu vermehren, daselbst gewesen. Seit dieser Zeit hatte er sich in dem Felde der Wissenschaften sehr berühmt gemacht, und die vorzüglichsten Gelehrten dieses Königreichs waren seine Kollegen bey den berühmtesten Akademien geworden. Viele neue Entdeckungen waren in den Künsten und Wissenschaften gemacht. Ein Vorrath natürlicher Seltsamkeiten war aus allen Ecken der Welt zusammengebracht;

bracht; so viele Beweggründe bewogen Camper, seine letzte Reise nach diesem Lande anzutreten.

Er besuchte die vorzüglichsten Gelehrten Banks, Herschell, Hunter, Magellan, de Luc, Kirwann und andere, die berühmtesten Aerzte und Wundärzte, und die großen Mahler Reynolds, West und Stubs. Er besahe und zeichnete die vornehmsten Seltsamkeiten in den Sammlungen des brittischen Museums, des Aston Leavers, der Herren Banks, Hunter und anderer mehr. Die Vergleichung vieler Stücke mit solchen, welche Camper in seiner eigenen Sammlung aufbewahrte, war für die Naturgeschichte und für die Kenntniß solcher Thiere, deren Knochen allein auf der Oberfläche der Erde gefunden werden, von sehr großem Gewichte.

Er unternahm eine Reise nach Oxford, und besahe wiederum das anatomische Theater, das Krankenhaus, wie auch das Observatorium, und besuchte die Aerzte Thompson, Jacksohn und Wall. Zu Beaconsfield versicherte Camper E. Burke seine Hochachtung, und wartete Priestley und Withering

zu Bermingham auf. Er besahe Windsor in
Herschells Beyseyn.

Im Jahr 1786 hat Camper der Akademie der Wissenschaften zu London eine Abhandlung über die Knochen der unbekannten Fische, welche in dem St. Petersberg ohnweit Mastricht gefunden werden, dedicirt (over de Beenderen der onbekende Visschen, welke in de St. Pietersberg by Mastricht gevonden worden). Diese ist in dem sechs und siebenzigsten Theil der philosophischen Transaktionen vom Jahr 1786 abgedruckt. In den Vaderlandsche Letter-oeffningen ließ er eine kurze Beschreibung von dem Dugon und von der zweyfüßigen Eidexe (Lacertina firen Linnaei) und Zusätze zu der Beschreibung des Gehörwerkzeugs der Fische einrücken. Welche letzten bey der von Schneider zu Leipzig veranstalteten deutschen Uebersetzung des Monroischen Werks über die Fische herausgegeben worden sind. Ferner erschienen von ihm einige urtheilskundige Anmerkungen über die Klassifikationsmethode der

Fische nach der Lehre des Linnäus, und ein Brief über die Ungereimtheit des fälschlich geglaubten Einhorns (over de ongerymdheit des gewaanden Eenhoorns), welche der Gesellschaft naturforschender Freunde zugeschickt, und in ihren gelehrten Schriften abgedruckt worden sind.

Im Jahr 1787 sandte Camper einige Abhandlungen über ausgegrabene Knochen unbekannter oder seltner Thiere (over gedolvene Beenderen van onbekende of zeldzaame Dieren); über den Kopf eines Bisons, über den Kopf eines riesenartigen Büffels, über sehr große Elephantenzähne, über riesenartige Hirschköpfe, über die Knochen des Mammoths an dem Ohio in Amerika, über die afrikanischen wilden Schweine, über den Unterschied der asiatischen und afrikanischen Rhinozerosse und über die Gattung asiatischer Philander, welche Cahguiroo genannt werden, der Akademie der Wissenschaften zu Petersburg.

Die

Die vorhergehende Reise nach England würde vielleicht die letzte seines Lebens gewesen seyn, wann nicht die Unpäßlichkeit des jüngsten seiner Söhne zu Paris die Gegenwart eines zärtlichen Vaters daselbst nothwendig gemacht hätte. Während seinem kurzen Aufenthalt in dieser Stadt sahe er seinen längst erprobten Freund, den Herrn Louis, Sekretair der Akademie der Chirurgie, mit vielem Vergnügen wieder, und wurde von dem Grafen von Büffon mit ungeheuchelter Hochachtung aufgenommen, dessen erhabene Verdienste, verbunden mit einer besondern Leutseligkeit, seinen Umgang höchst angenehm machten. Die Zusammenkünfte der Akademien wurden von Ihm beygewohnet, und er besuchte auch einige Mitglieder derselben. Die Sammlungen seltsamer Naturalien in dem königlichen Garten, und die lehrreiche Sammlung von Fossilien bey dem berühmten Romé de l'isle hat er zu seiner Zufriedenheit besehen.

Im Jahr 1788 hat Camper eine zweite Ausgabe seiner Abhandlung über die Brüche der Kniescheibe, und des Ellenbogen Kopfs (olecranum) verfertigt. Diese ist nach des Verfassers Tode von mir besorgt worden. Noch andere Werke würden vielleicht um diese Zeit erschienen seyn, wann sie Campers Tod nicht zurückgehalten hätte.

Camper hatte in seinem Leben eine besondere Fähigkeit, fremde Sprachen zu erlernen. Er sprach mit sehr vieler Fertigkeit Lateinisch, Französisch, Englisch und Hochteutsch. Die italiänische Sprache war ihm so eigen, daß er alle darin geschriebene Bücher mit Vortheil lesen konnte. Er war auch nicht wenig in der griechischen Sprache bewandert.

Nachdem wir die Angabe seiner gelehrten Arbeiten beendigt haben, wollen wir auch die stadtkündigen Verhältnisse, worin Camper verwickelt war, kürzlich anführen. Wir haben bis hierhin davon keine Erwähnung gethan, um aller Verwirrung im Zusammenhang unserer Erzählung vorzubeugen.

Im Jahr 1762 ist Camper zum ersten Mal als Bevollmächtigter auf dem Landtag in Friesland erschienen, und im Jahr 1776 zum zwei-

zweiten Mal als Bevollmächtigter aus Jdaar, deradeel ernannt geworden. Der Vorschlag zur Wiederaufbauung des Seereiches dieser Provinz wurde, des hiezu erforderlichen Kosten-Aufwandes und des Mangels der Dauerhaftigkeit halber, durch Ihn im Jahr 1778 abgewendet. Er übergab den Staaten in dieser Hinsicht eine gedruckte Denkschrift, in welcher die Gründe seiner Behauptung vorgelegt waren. Im Jahr 1783 wurde er durch die hohe Empfehlung Sr. hochfürstlichen Durchlaucht des Prinzen Erbstatthalters zum Mitglied des jüngern Raths (Raad in de Vroedschap) der Stadt Workum erwählet, und aus dieser Beziehung in das Admiralitäts-Collegium der Provinz Friesland aufgenommen.

Im Jahr 1787 hatte Camper Sitz im Staaten-Rath, und nahm daher seine Wohnung in dem Haag. Es ist Niemandem unbekannt, welcher die Zwistigkeiten in dieser Republik seit dem Jahr 1781 entspringen sahe, und ihrer Beendigung im Jahr 1787 beygewohnet hat, mit wie vielen Schwierigkeiten diese wichtige Bedienung in jenen hecklichen Zeiten

ten verbunden war, und welche große Standhaftigkeit dazu erfodert wurde, um das seufzende Vaterland am Rande seines gänzlichen Unterganges zu erretten. Es schlägt nicht in mein Fach, die Dienste, welche der Verewigte dem gemeinen Wesen geleistet hat, in Anschlag zu bringen. Bey der glücklichen Wendung der Sachen hatte Camper die Ehre, seinem Vaterlande, zu der Wiedererlangung einer lang gewünschten Ruhe und der Zurückkunft der durchlauchtigsten erbstatthalterischen Familie, deren Klugheit und Heldenmuth diese Provinzen ihr Aufkommen und ihre Freiheit zu verdanken haben, Glück zu wünschen.

Wir haben Petrus Camper als einen Gelehrten betrachtet, dessen gelehrte Werke mit Beyfall aufgenommen und zehnmahl von den berühmtesten Akademien in Europa gekrönt worden sind. Wir sind Ihm in seiner wissenschaftlichen Laufbahn bis zur höchsten Stuffe des Ansehens gefolget, und haben gesehen, daß sein Name mit dem nemlichen glänzenden Ruhm, nach welchem Newton und Czaar Peter gestrebt haben, verehrt wurde; leiden

gab

gab auf solche Weise der Akademie der Wissenschaften zu Paris in einem kurzen Zeitraum zwey Mitglieder, und Boerhave sahe einen Nachfolger in jenem Ruhm, wodurch er seinem Vaterlande Ehre machte! — Wir haben Camper auch in Staatsangelegenheiten die ansehnlichsten Aemter in der Republik bekleiden und seinen Eifer für das Wohl des Vaterlandes mit dem glücklichsten Ausschlag gekrönet werden gesehen. Auf eine solche günstige Betrachtung seines öffentlichen Betragens, können wir jetzt die Aufzählung seiner sittlichen Tugenden mit dem nemlichen Glanz folgen lassen. Er war als Sohn, als Freund, und als Ehegatte ein Muster ausgezeichneter Eigenschaften.

Als Vater dachte er nach den Vorschriften des großen Philosophen von Tarent: Ein Vater, sagt Archytas in seinem Buch über die Erziehung, muß seinen Kindern zum Muster aller Tugenden dienen. — Die zärtliche Sorge meiner Eltern für mein Wohlbefinden, ihre Geduld mit meinen Schwachheiten, ihre Freude über meine Fortschritte;

schritte; ihre vortrefliche Lehren, ihr freundlicher und liebreicher Umgang, ja tausenderley Wohlthaten, welche ich von dem Augenblick meiner Geburt, bis zu ihrem Uebergang in eine bessere Welt genossen habe, werden mich stets an die vortrefflichen Worte der Lehre der Chineser erinneren, daß man einen Vater und eine Mutter nicht überleben kann, als nur, um dieselben stets zu betrauren.

Die Vergnügsamkeit, welche wohlthätigen Menschen beynah immer eigen ist, war seine natürliche Eigenschaft. Er war ein Bewunderer der Sittenlehre der Alten, und die Betrachtung häuslicher Tugenden, wie auch die der Erziehung seiner Kinder waren mit von den angenehmsten Beschäftigungen seiner gefühlvollen Seele. Er schrieb vom Jahr 1751 bis 1766 verschiedene Abhandlungen über diesen Gegenstand in dem holländischen Spectator, dem Philosoph und Rhapsodist.

Die

Die freien Künste gehörten zu den angenehmen Erholungen seines Lebens. Er bossirte und mahlte in seinen ledigen Stunden. Auf seinen Reisen zeichnete er die merkwürdigsten zur Wundarzeneikunst und Naturhistorie gehörigen Sachen. Fast alle seine Zeichnungen sind mit der Feder nach einer eigenen Methode, die wegen ihrer Vollkommenheit und Genauigkeit von Künstlern selbst bewundert wurde, fertig gemacht.

Die Natur, welche selten gewohnt ist, die Vorrechte eines günstigen Körperbaues mit einem Vorrath ausgezeichneter Seelen = Kräfte zu verbinden, hatte Camper in dieser Rücksicht als einen Günstling begabt. Er hatte eine ansehnliche Gestalt, eine würdige Aussicht, und genoß eine blühende Gesundheit. Als Redner vereinigte er mit angemessenen Geberden eine wohllautende Stimme und ausdrucksvolle Augen.

In einem solchen glücklichen Zustande blieb Camper bis in den letzten Tagen des Monats März 1789. Eine heftige Pleuresie (borstpleuris) durchschnitte den Faden seines Lebens. Er starb den 7 April des Abends, und wurde in der Peters=Kirche zu Leiden in der Gruft seiner Eltern begraben.